T0161113

HACKERS

Hackers

by Aase Berg

Translated by Johannes Göransson

Black Ocean
Boston - Detroit - Chicago

Black Ocean
P.O. Box 52030
Boston, MA 02205
blackocean.org

Cover Design by Janaka Stucky | janakastucky.com
Book Design by Nikkita Cohoon | nikkita.co

ISBN 978-1-939568-21-2

Names: Berg, Aase, 1967- author. | Gèoransson, Johannes, translator. | Berg, Aase, 1967- . Hackers. English & Swedish.
Title: Hackers / by Aase Berg ; translated by Johannes Gèoransson.
Description: First edition. | Boston : Black Ocean, 2017. | Parallel text in Swedish and English. | Previously published entirely in Swedish as Hackers (Stockholm : Albert Bonniers Fèorlag, [2015]).
Identifiers: LCCN 2016053149 | ISBN 9781939568212 (pbk.)
Subjects: LCSH: Berg, Aase, 1967~Translations into English.
Classification: LCC PT9876.12.E55 A6 2017 | DDC 839.71/74~dc23
LC record available at https://lccn.loc.gov/2016053149

FIRST EDITION

Contents

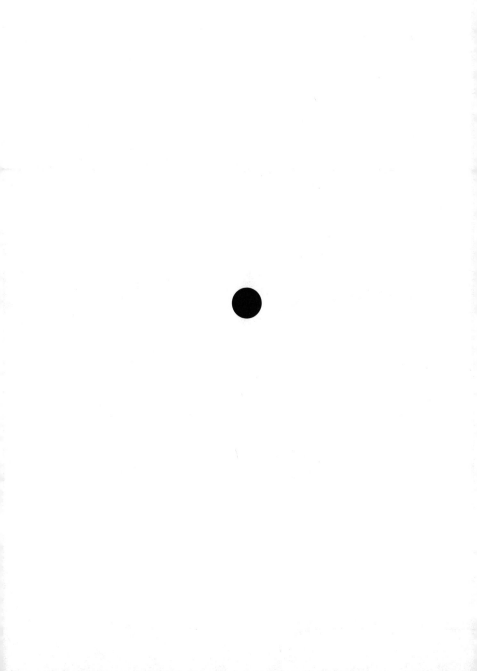

Det här är ett hot:

Vi är kvinnofällan. Vi är värdinnedjuret, uppkopplad mot slappköttade parasiter såsom lata män och manipulativa knullviljor och bortskämt omedvetna sällskapshjon.

Men kroppen har en ond cirkel, kvinnorörelsen en stegrande spiral. I klarspråk om den osårbara sårbarheten, vi har alltid varit bra på mycket komplicerad kärlek.

Det finns en kvinnlig frihet. Platser i känslan du inte vet finns. Maskinerna i oss finkalibrerade till fruset fokus:

We are Anonymous.
We are Legion.
We do not forgive.
We do not forget.
Expect us—always

Aase Berg, Sha-Tin, Hongkong, nov -14

This is a threat:

We are the woman trap. We are the hostess animal, hooked up to slop-fleshed parasites, such as lazy men and manipulative fuck-addicts and spoiled morons who act like pets.

But the body is caught in a vicious circle, the women's movement rears toward a spiralling fever pitch. To speak plainly about our invulnerable vulnerability: we have always been good at a very complicated kind of love.

There is a female freedom. Found inside a feeling you don't know exists. Our inner machines are fine-tuned into a frozen gaze:

We are Anonymous.
We are Legion.
We do not forgive.
We do not forget.
Expect us—always

Aase Berg, Sha-Tin, Hong Kong, Nov 14

PENTHESILEA, RASA

Tabula rasa–
dukade bordet

som krossats under
sin egen tyngd

Tabula rasa—
the set table

razed under
its own weight

slagfältsmolosser, gigantelefanter, stridshingstarnas rök, magstödens,
diafragmornas blocktryck, frossande klämlår, insidesmuskler,
nedsjunken i säte–

tyngdbalansens hårda hästkast klingar

rött rinner bakom, framför ögonlocken

och det är natt i Njutånger

battlefield molossoids, giant elephants, the smoke from war
stallions, patterns from chest supports and diaphragms pressed
in the skin, shivering thighs that tighten, inner muscles, sunk
into seat—

the weight-scale's hard horse-throws ring out

red trickles behind, in front of the eyelid

and it's night in Njutånger

När leran långsamt stelnar över bordsytan och över kvinnokroppen
insmetad i leran krackelerar Golem inälvsparasiten vecklas ut och
uppnår stadiet Penthesilea difficilis; den bländande, ljusskygga
och osedda terminatorn

Som aldrig–
upprepar, ALDRIG!–
skulle skära av sitt högra bröst
för att bättre bära ett vapen

When the mud slowly dries on the table top and on the woman's smeared body, Golem cracks and the intestinal parasite unfolds and reaches the stage *Penthesilea difficilis*: the blinding, shady, and unseen terminator

Who would never–
repeat, NEVER!–
cut off her right breast
to make it easier to carry arms

Jag vill vara en fågel. Fåglar är inte fria. De har full kontroll.

I want to be a bird. Birds are never free. They are in complete control.

Min lilla flicka kliver in i ett rum, vilket som helst, och presenterar sig: "Ich bin Alma!"

När du dissar mig har det inte med mig att göra. Jag har inte sagt för mycket eller för lite, varken för desperat eller avmätt. Och om så vore! Om du inte kan ta mig, då är det ditt problem.

Ich bin Alma. Går runt världen och är: Ich bin Alma!

My little girl steps into a room, any room, and announces herself: "Ich bin Alma!"

When you dis me, it has nothing to do with me. I haven't said too much or not enough, I'm neither desperate nor reserved. As if! If you can't handle me, it's your problem.

Ich bin Alma. I move around the world and just am: Ich bin Alma!

MOTORMÄNNEN

Kärleken riktar sig bara mot offer man kan känna sig överlägsen.

(Natascha Kampusch)

THE MOTOR MEN

You only fall in love with the prey to whom you can feel superior.

(Natascha Kampusch)

Den är en häst och den säger nej.
Men människan säger Vill ha dig.

Om man är djur här så antingen lever man eller är död.
Frisk och kry eller en kula i pannan.

Civilisation är att älska hårt.

It is a horse and it says *No*.
But the human says *Want you*.

If you're an animal here you are either alive or dead.
Either healthy and hearty or a bullet in your forehead.

Civilization means to love fiercely.

Nya E 4:an mellan Enånger–Hudiksvall innan trafiken släpps på. En kall planetplattform futurum genom skogen.

Trafikreglerna gäller inte än, och höger blåser in från vänster. Ännu plana yta, dimensionerna har inte väckts, kommer senare att rullas ut när fortfarande fordon drar upp fartvindens försvinnarbanor av jetstrålad hastighet. Åkdonen ilande av ansiktslösa spöken. Tungt mörklagda vehiklar formar svarta smitvägar av asfalt in mot jordens hjärta.

Vågor av osynligt hopp, en forsande flod av snabbhet.

Långt fjärran, utanför det endorfina rummet Motormännens bröl, fyrhjuling absorberar kosmisk vidsträckthet. En glänsande rymdslända kastar förbirusande skuggbilder längs hårt uppsugande underlag.

Då samvetsångesten oavbrutet tilltar, utvecklas förövarens skoningslöshet till manisk trance, som han alltmer fruktar att vakna upp ur. Istället kommer småningom metalltrötthet slå ut, kan materialens sömn göras mänsklig?

Friktion mot svalnande förlopp av långsam lavasten. En häst som går och betar intill motorvägen, högupplöst växtsaft i varma tarmar, uppblåst svävande längs vandringsvägarna av födosök, slukande världens vila.

The new Highway E4 between Enånger and Hudiksvall before it is opened to traffic. A cold planetary platform in future tense through the woods.

The traffic rules have not yet taken effect, and the right wind blows from the left. The surface is still smooth, the final dynamics have not yet been awakened, they will take effect later when speeding vehicles pull up the headwind's disappearing routes of jet-stream velocity. Vehicles shrieking past like faceless ghosts. Heavy, darkened vehicles will create black sneak routes of asphalt leading straight into the earth's heart.

Waves of invisible hope, a rushing river of speed.

Far in the distance, outside the endorfine room and the Motor Men's bellowing, a four-wheeler absorbs cosmic vastness. A glowing space-fly casts flitting silhouettes on a viscous surface.

As his remorse grows stronger, the abuser's ruthlessness turns into a manic trance, from which he increasingly fears waking up. Instead metallic fatigue will gradually overtake him. Can the sleep of matter be made human?

The friction of slowly petrifying lava. A horse grazes next to the highway, sap dissolving in its warm intestines. Inflated and hovering along foraging paths, the horse devours the world's calm.

Hästen är ett härbärge där tiden inuti står stilla.
Himlen rödnar framöver i susande lugn.

Men hästen är samtidigt en stridsvagn,
vägen ett moln,
asfalten mojnar,
tiden tilltar.

Om hastighet är längtan bort mot vad.

The horse is a shelter in which time stands still.
The sky reddens overhead in a peaceful murmuring.

But the horse is also a war machine,
the road a cloud,
the asphalt slackens,
time picks up.

If speed is the urge to get away towards what.

.

Svarthalka i bruksorten
Människor i mysbyxor
Inga upptagna män
Amfetamin & spice,
revypärlor & julljusstakar
Hennings storform
& en jävligt fet Lexus

Black ice in the factory town
People in sweatpants
No busy men
Amphetamine & spice
corny hits & christmas candles
Wonderbread
& a damned fat Lexus

Getter sammanträngda,
stelblundande fartvind
hopklumpas på flaket
Hastighetens tystnad

Shezhen-Ghangzhou Expressway

Hur kan ni göra detta
mot det outsagda?

Crowded goats,
stiffeyeshut speedwind
heapedtogether on the flatbed
Speed's silence

Shezhen-Ghangzhou Expressway

How can you do this
to the unspoken?

Spritmannen
i manskroppen
är 100 kg tyngre
än en människa
mot väggens
handtryck

The liquor man
with his male body
is 100 kilos heavier
than a human
hand-pressed
against a wall

Husbonden slår
eller inte,

antingen han slår
eller inte,

så slår han

The house master strikes
or doesn't,

whether he strikes
or not,

he strikes

Hon vet
vem som får
slå henne

Underlydande
har mer
bukfett

She knows
who gets to
beat her

Underlings
have more
belly fat

Hon slår tillbaka:
piercingfetto,
grogghagga,
självskadesludder.

Den fostrade kvinnan
höjer aldrig
en hand.

She strikes back:
piercing fatso,
booze hag,
self-harm slut.

A refined woman
never raises
her hand.

Bitterlogg: . . . *there's no one left to torture* . . . / Den sårade är kränkt. Runt omkring blir jorden platt. Dödstyst platt. / Slakhaken uppladdas till skjut: Nu ska världshannen gå lös utöver världen! / Vem delade ut rätten till Mr Hyde-zoner? / Han är ju så himla snäll och omtänksam . . . *egentligen.* / Vem pressar mig att säga att jag vill inte att du ska känna dig pressad? / Är det rimligt att få ångest så fort man inte får som man vill?

Bitterlog: . . . *there's no one left to torture* . . . / The wounded is defamed. All around the world turns flat. Death-quiet flat. / The slack-cock is locked and loaded: Now the world male will be let loose on the world! / Who gave the right to Mr Hyde-Zones? / He is so damned nice and thoughtful . . . *actually*. / Who is pressuring me into saying that I don't want you to feel pressured? / Is it reasonable to feel anxious just because you don't immediately get what you want?

Rondellen vid E 4:an, våldsspiralen, där aggressiven gasar runt, runt, runt. Innanför i cirklar springer utan utvägar en panisk och dödögd kaninpalt. Innantill utsträckningen, intill The Strait som ingen ser, går hästen tyst och svävar över svartmullen och leran.

The roundabout on Highway E4, a violent spiral on which aggression rushes round, round, round. Inside it, with no way out, a dead-eyed little rabbit, panicking wildly, runs in circles. Right next to the expanse, next to The Strait that nobody sees, a horse walks silently, hovering above the black soil and mud.

Kaninen har
på fötterna
Kaninen landar alltid
på fötterna

Kaningraalen höjs,
låt oss kröka!

Låt oss kröka
och avböja
fötterna

Kaninfötterna,
nyckelringar

Vad ska vi
ha dem till?

Rabbits stand
on two feet
Rabbits always land
on their feet

The rabbit grail is raised,
Let's get wasted!

Let's get wasted
and refuse
our feet

Rabbit feet,
key rings

What are
they for?

Som djur var han svag i sinnet. Som människa konspirativ. Han var rädd. Han var död. Han bar hjälm. Jägare. Han har inga ögon, ingen tycker han är konstig. Men han kör i alla fall Polaris, motormanlighetens självkropp specialiserar sig på veka portar. Inte ens han själv kommer att förstå.

As an animal, he was weak-minded. As human, conspiratorial. He was afraid. He was dead. He wore a helmet. Hunter. He has no eyes, nobody thinks he's strange. But anyways he drives a Polaris. Motormasculinity's body specializes in weak gates. Not even he himself will understand.

Min häst är Natascha Kampusch. I Natascha Kampusch lever
också: Wolfgang Priklopil, paranoiden.

Skriker in varandra i infångandet.

De instängda inrimmen inrymmer
i-ur oss båda alla.

My horse is Natascha Kampusch. In Natascha Kampusch lives
also: Wolfgang Priklopil, the paranoiac.

They scream each other into the trap.

The locked-in in-rhymes in-cludes
in-out-of us both all.

En nioårig flickscout
skulle sälja kakor
i Trimble, Tennessee.

Tänk er mammans
Don't ever give up hope
och hur det gick.

Var uppstår villospåren?
Skiter vi i.

Vi är för före,
vi är förbi.

Ingen predator
har helt enkelt aldrig
Fått ha Funnits

A nine-year-old girl scout
was going to sell cookies
in Trimble, Tennessee.

Imagine her mother's
Don't ever give up hope
and what happened.

Where do false trails emerge?
We don't give a damn.

We are ahead of the past,
we are past it.

No predator
has simply ever been
Allowed to Exist

Natascha Kampusch:

De kommande sju åren skulle Bibiana komma att bli min nya identitet, även om gärningsmannen aldrig helt lyckades utplåna den gamla.

Natascha Kampusch:

For the next seven years Bibiana would become my new identity, even if the perpetrator never completely managed to eradicate the old one.

SEXKONST OCH RIDKONST

Bibiana:
Och jag började känna tacksamhet mot min fångvaktare. Mot slutet
av året skulle han komma att infria en av mina hetaste önskningar: en
stund under bar himmel.

THE ART OF SEX AND THE ART OF RIDING

Bibiana:
And I began to feel grateful to my captor. Toward the end of the year
he would satisfy one of my strongest desires: a moment beneath the
bare sky.

Jag är mycket, mycket lycklig.
Så snälla, slå mig.

I am very, very happy.
So please, hit me.

Mattigheten . . .
svävartyngden–
vallningarna,
svallet

Vi var
de vackraste trojaner
inne i en hästs
krypin

Languor . . .
the hoverweight–
the flushes,
the flood

We were
the most beautiful trojans
inside a horse's
nook

Jag sväljer hårt
dina svirrande smileys

Och ponnyerna dansar
över röda sjöar

I swallow hard
your swirring smileys

And the ponies dance
across red lakes

Varmblod: Folksjälen dansar i dimman, färger kastas runt längs väggarna i kärlekstunneln. Parasitära jaet äter inifrån, vrid hoven bak- och fram, klappar ett femte hjärta, femhjuling, trä hästen! Kom hit du skrattande trojan. När öppna skräcken kraschar in, var hängbro över ingenting. Kom svängbro över tomhet, alltet bakom sig. Andande häst, ångande best, tornertortyr i rusch och fradgande galopp som galen, hundarna intill, de slungar sina viltben över stela åkrar.

Det blir ett livslångt liv. Det blir en livslång livsglädje av splitt.

Omöjligt undvärja kått kravande värja.

Den eterna livskyssens djupsug.

Warm blood: The soul of the people dances in the mist, casting colors on the walls of the love tunnel. The parasitical yes eats from within, twist the hoof back and forth, beats the fifth heart, the third-wheeler, the wood horse!

Come here you laughing trojan. When the open horror crashes in, be a hang-bridge over nothingness. Come swing-bridge over emptiness, leave everything behind. Breathing horse, steaming beast, tournament torture in a rush, frothing insane gallop, dogs closeby, they hurl animal bones across petrified fields.

It will be a life-long life. It will be one lifelong lifejoy of splitting.

Impossible to evade horny craving blade.

The deep suction of the eternal lifekiss.

Slimrande slickfisk smirrar. Jaget i magens järnflismagnetism. Kall toppnos daskar, blodvaggar och rullar. Varm fyllnad sväller in och stormar tyst på brytets gränser. I tid som svallar långsammare än all möjlig tid. Mot upprinnelsens oerhörda vågbrott sakta rasa.

Slimeringslickfishsmirrs. The I in the belly's iron-chips-magnetism. Cold snout slaps, blood-rocks and rolls. Warm filling swells into and storms the borders breakage. In time that ripples slower than all possible time. And slowly collapsing toward the incredibly breaking waves from the origin.

Häst lunkar tungt och sakta i lerig hage. Hur luftar trojanska hästen mot leran. Hur grundas timmerhästens innehåll av långsammare universumleran. Elstötar sprätter illande i fukten, riktad pik. Vill vara här i kåta hus hudbyggda upp ur leran.

Horse trudges heavily and slowly in muddy meadow. What does the trojan horse smell in the mud. How is the timber-horse's contents grounded in the slower mud of the universe. Jolt of electric shocks spatter the moisture with a pointed peak. Want to be here in horny houses skinbuilt out of mud.

Kallblod: Klipp dig och skaffa ett jobb. Nu skärper vi oss. Inga cigg idag, faktiskt.

Cold blood: Cut your hair and get a job. Shape up. No cigarettes today, actually.

Människosläktet bekymrat.
Den stora frågan är: klarar vi det?
16 Gigabyte galet minne?
Genom blod-hjärnbarriären, omforma signalsubstans?

Toxoplasma gondii–
parasiten som gör kvinnor vackrare och män
dumma i huvet.

The human race is worried.
The big questions is: Can we make it?
16 Gigabyte insane memory?
Through the blood-brain barrier, reconfigure the signal substance?

Toxoplasma gondii–
the parasite that makes women more beautiful and men
moronic

Sallader är för veklingar
Jag äter bara råbiff
när pälsen kokar
i glödande skymning
som du sakta
slickar såren
av mina hälar

Salad is for weaklings
I only eat raw beef
as the fur boils
in the glowing dusk
you slowly
lick the sores
of my heels

Undvika zonen
Glimrande pärla
En gul liten smiley
Med leende mun
Så dum
Så älskansvärt pojkdum
i hästskospåren
av trojanska
världskrig

Avoid the zone
Glimmering pearl
A small yellow smiley
With smiling mouth
So dumb
So lovably boy-dumb
in the horse tracks
of the trojan
world wars

Du kan också
gå runt i skogen
och berätta
hur gamla träden är

Eller sova middag
med flanellskjortan på
medan jag lyssnar
på radio
om stormen

Du kan vakna
mitt i natten
in i mina ögon
utan framtid

You can also
walk around the woods
and talk about
how old the trees are

Or take a nap
in a flannel shirt
while I listen
to the radio report
on the storm

You can wake
in the middle of the night
into my eyes
without a future

Hästarna rusar
Flickorna så unga
Lever livet
som om
det vore verkligt
"Ptroo!" heter "Hoe!"
på säregna djur
och det finns ännu
tygeltag
för nödstopp

Horses rush
The girls so young
Living life
as if
it were real
"Ho!" is used instead of "Halt!"
with some animals
and the reins
can still be used
for emergency stops

Den glättiga och glatta
parasiten på min självlysande självbild

Försvinnerliga farkoster
som ingen finns här
för att se och höra

Intimitetens löften lyfter
uppåt tomrum

Det är bara att luta sig tillbaka
och åka med

The glossy and smooth
parasite in my glow-in-the-dark self-image

Disappearing vehicles
there was nobody here
to see or hear

Intimate promises rise up
toward vacuum

Just lean back
and come along for the ride

Du säger nej till allt är frihet
Jag säger ja till allt

Basjkirhästen som brakar
in i helblodens dressyrstall

Man måste känna sin fiende
bättre än sig själv

You say no to everything is freedom
I say yes to everything

The Bashkir horse that crashes
into the pure breeds' dressage stable

Know your enemy
better than yourself

Om du har ljugit för mig
Om du har lurat mig
att x-radera allt
Då kommer jag att hämnas på dig
med sådant magstöd
att du inte ens
känner dig hemma
i akilleshälens
hämning

If you have lied to me
If you have fooled me
into x-ing out everything
Then I'll take revenge on you
with such a girdle
that you won't even
feel at home
in constraint
of your achilles heel

Jag vet vad det vill säga att försvinna.
Amputation ger vinst i värdigheten.
Men vad är värdighet, en handelsvara bara.

I know what it means to disappear.
Amputation earns dignity.
But what is dignity, just a commodity.

Det blir inga ostbågar mer
Aldrig mer några
leendebågar

Aldrig mer avsöka
den spännande böjen

Aldrig långritt mer
Aldrig svettritt mer

över hästvarm,
solstrålande
mage

No more cheese puffs
Never again any
smile puffs—

Never again scan
the exciting bend

Never again long-ride
Never again sweat-ride

across horse-warm,
sun-bright
belly

Nu är spermierna döda
Du finns inte

Now the sperms are dead
You don't exist

Mitt hjärta är krossat.
Du vann inte.

My heart is crushed.
You didn't win.

HYPERPARASITER

Bibiana:

På nätterna drömde jag att jag tillhörde en källarflock av flickor lika skräckslagna och kokande som jag. Vi kunde knacka till varandra genom väggarna.

HYPERPARASITES

Bibiana:

At night I dreamt that I belonged to a basement-flock of girls just as terrified and feverish as me. We could communicate with each other by knocking on the walls.

CIA haffar FBI
Vem kunde veta
att Dread Pirate
ägde Silk Road

Du kan inte veta
vem som är i andra änden
Du vet inte vem
som är att lita på

Lyssna på kablarna
hitta paketen
mottagaren avkodar
genom att studera
intervallerna

Det är då du känner dig
ett med den svarta
vägen

CIA nabs FBI
Who could have guessed
that Dread Pirate
owned Silk Road

You don't ever know
who's on the other end
You don't know who
to trust

Listen to the cables
find packets
the receiver decodes
by studying
the intervals

That is when you feel
as one with the black
road

Nanoblacka hästar, vantasvart nätfiske i Polaris pärla. En lite
hård matt pärla av syntet. Eller Pinctada margaritifera-cumingi,
avlad i musslor på Tahiti. Lokala föroreningar ger pärlan färg.
Men kärnan i den äkta pärlan från Bahrain är inte sandkorn.
Små hål i ostronskalet tyder på en parasit. I mjukdelarna
inne i den trögslackande tarmfloran hos svävarhästen. Längs
oceanens sidenvägar där de blanka pärlorna av motormännens
hjälmar yr i samma månljus, samma skum.

Nanoblack horses, vantablack net-fishing for the Polaris pearl. A hard, dull, synthetic pearl. Or Pinctada margaritifera-cumingi, grown in mussels in Tahiti. Local pollution gives the pearl its color. But the core of the true pearl from Bahrain is not a grain of sand. Small holes in the oyster shell indicates a parasite. In the soft parts in the slow-slacking intestinal flora of the hover-horse. Along the silk roads of the ocean, the blank pearl of the motor men's helmets whirl in the same moonlight, same foam.

Starr sting pain scale. Det finns en färg för plötslig sorg och den är gul och liknar giftet, solen. Ditt ansikte är mycket annorlunda när du inte ler, när du negerar skarpt och hålar. Stellära vindvisslor som visselblåser och det slutar sällan bra för munnen bakom aldrig ler mer. Men måste ändå nära stingfärgen och giftet, solen.

Starr sting pain scale. Sudden sorrow has a color and it is yellow and resembles poison, the sun. Your face is very different when you don't smile, when you negate sharply and perforate. Stellar wind-whistles that whistle-blow and things seldom end well for the mouth behind, it never smiles again. Yet it has to move near the sting color and the poison, the sun.

Trematoder bor i snäckor i fuktiga miljöer. De glider upp i snäckornas antenner där de börjar blinka. På så vis styr de värddjuret att snigla upp på vasstrån där det blir en liten ljusshow. En fågel lockas dit och sväljer snäckan. Och trematoden är nu hemma i sin fågel, dit den slutligt vill!

Trematodes live inside snails in moist environments. They glide up the snails' antennae and begin to blink. This causes the hosts to move up a reed where a little light show takes place. A bird is attracted to the light and swallows the snail. The trematode has now found its home inside the bird, where it wanted to end up!

Vem är den första parasiten för en hyperparasit? Kan värdinsekten korskryptera sin doftkommunikation? Men ingen kryptohjärna, inget pingsökande hjärta beats me. Du, mitt akvarium för stjärnfiske, och jag, dark vision electronic rakt igenom dig.

What is the first parasite of a hyper-parasite? Can the host insect cross-corrupt its scent-communication? But no crypto-brain, no ping-seeking heart beats me. You, my aquarium for star-fishing, and I, a dark vision electronic straight through you.

Motorvägarna i himlen är bestämda rutter mellan brytpunkter. Kontakta Ho Chi Minh, brytpunkt Igari. De sju elektroniska handslagen i sydkinesiska sjön och ett ofullständigt handslag nära vägs ände. Försvinna spårlöst i vår tid, men är det döden eller värdbyte?

The highways in heaven are planned routes between breakpoints. Contact Ho Chi Minh, breakpoint Igari. The seven electronic handshakes in the South China Sea and an incomplete handshake near the road's end. To disappear without a trace in our time, but is it death or just a host change?

Jag finns
i dig
Där ingen väntat
Fjollsingapore
Nedhovrad genom
filippinska
stormen

kattmjuk av
toxoplasma,
schizosex

Euforinen
dödar aldrig
sin värld

I am
inside you
Where nobody expected
Looneysingapore
Hovered down through
the Philippine
storm

cat-soft from
toxoplasma
schizosex

Endorphoria
never kills
its host world

Kaninen flyttar in. Tom blick och ingen hjärna men ett tickande kontrollrum. Snart smartast av oss alla. Det kallas observans.

The rabbit moves in. Empty gaze and no brain but a ticking control room. Soon smarter than the rest of us. It's called observance.

STALKERS

Bibiana:
Att vilja närma sig gärningsmannen är ingen sjukdom. Att vilja skapa sig en kokong av normalitet när man blir utsatt för ett brott är inget syndrom.

STALKERS

Bibiana:
Wanting to get close to one's abuser is no sickness. Wanting to create a cocoon of normalcy when one is subjected to a crime is no syndrome.

Vem är vems stalker.

(Konsonantkollission. För helvete. Vårt sex bygger på rytm!)

Who is whose stalker.
(Consonants collision. Damn. Our sex is based on rhythm!)

Triangelböjens
tyngdpunkt,
framben eller bakben

Vem vinner över vem
i samlingen

Den första
blir den andra ryttarinnan
Den andra
blir den första innan

Parasitära ledet rapporterar
till systemoperatören

i hyperoberoendets
dressyrparad

trojanska benrangeldödsdansen:

klart genomsynlig
går på tre spår,

volten,
öppna,
sluta

The triangle-bend's
center of gravity,
forelimb or hindlimb

Who beats who
in the gathering

The first
becomes the second rideress
The second
become the first beforess

The parasitical line reports
to the system operator

in the dressage parade
of hyper-independence

the Trojan deathdance of skeletons:

clearly transparent
moves on three tracks,

the charge
open
stop

Det borgarbrackiga
immunförsvaret,
slimey studsar
med den gula sidan
alltid upp

Min lilla stallmiljö
i krossen
av ditt oerhörda
nedslag

Alternativa slutet
skär halsen av sig själv
på Grand Hotell
med två l

i Bollnäs

The middle-class-moronic
immune defense
slimey bounces
with the yellow side
always up

My little barn environment
in the crush
of your incredible
impact

The alternative ending
slits its own throat
at the Grand Hotell
with two l's

in Bollnäs

Rovdjuret cirklar vagt
runt vattenhålet

Retreat
till sköra
getingboet

för påfyllning av
söndringspapper,
kleptoparasit

hemsökande
enmansarmé,
hackspett
i heligheten

Vi har gjort det
jävligt många gånger
i Hästens säng

Flyktdjuret
håller käften
vid svår smärta

The predator circles dimly
around the watering hole

Retreat
to the fragile
wasp nest

for a refill of
disruption paper
cleptoparasite

home-invading
one-man-army,
woodpecker
in the holiness

We've done it
a whole lot of fucking times
in the Horse's bed

The fleeing prey
keeps its mouth shut
despite intense pain

Jag bär sommarklänning
sanslöst fladdrande
sällsinta makaoner,
alias:

att emulera protokollet
i din puppa

I wear a summer dress
senselessly fluttering
the rarest swallowtails,
alias:

to emulate the protocol
in your pupa

Läppstiftet
och mina kroppsdelar
förskingrade i lättnadens
Incredible Deniability

Ni anar inte
hur vackra bröst jag har
Hur bleka händer
slimmar sinnrikt genom näten

Det fria nätet och det mörka
oändligt ensamt
i min algorytmiska sekvens
en misskonfigurerad
öppen proxyserver

när svarta lådan
sjunker mjukt
mot havsbottnen
utanför Kina

The lipstick
and my body parts
scattered in the relief of
Incredible Deniability

You have no idea
what beautiful breasts I have
What pale hands
slink sensually through nets

The free net and the dark one
eternally lonely
in my algorithmic sequence
a misconfigured
open proxy server

when the black box
sinks softly
down to the ocean floor
outside of China

The change log
of the current . . .
Perfekta stormen,
reverse engineering

Befintliga systemens
andhålsfria ande
Det heter inte atmosphere,
det heter utmost fear

Jag vill ha mer.
Jag vill inte ha mindre.

Men svart tangent
är inget script
i bordsplaceringen.

The change log
of the current . . .
The Perfect Storm,
reverse engineering

The choking spirit
of the current systems
It is not called atmosphere,
it's called utmost fear

I want more.
I don't want less.

But a black key
is not script
in the seating arrangement.

Maskinerna är på,
källkoden knaprar.
Där är du inte längre älskad,
du är iakttagen.
För hackerhierarkier
är en meritokrati.
Resultatet ger respekt.
Men inte snacket.

The machines are on,
the source code pecks.
There you are no longer loved,
you're observed.
Because the hacker hierarchy
is a meritocracy,
Respect is earned through results.
Not talk.

Vem är vems smärta.
Ditt namn vilar i frid.
Mitt namn—
En hacker heter
djupast nere
aldrig samma sak
två gånger.

Who is whose pain.
Your name rests in peace.
My name—
Deep down
a hacker is never named
the same thing
twice.

Om du inte passar dig
kallar jag dig scriptkiddie
Och då, min älskade,
rökt i föraktets ångor
är du ingen
stjärnfisk mer

Watch it
or I'll call you scriptkiddie
And then, my love,
smoked in the fumes of contempt,
you will no longer
be a starfish

Det finns en kvinnlig frihet. Drönaren ska koka. Kaninen i Le Creuset.

There is a female freedom. The drone will boil. The rabbit in Le Creuset.

HACKERS

Bibiana:
Under året som följde glömde jag aldrig den bara himlen. Den var som en spegelsal. Men varje gång jag speglade mig i plåten över tvättstället var mitt ansikte något förändrat.

HACKERS

Bibiana:
Over the year that followed, I never forgot the bare sky. It was like a hall of mirrors. But everytime I looked into the plate above the wash basin my face looked slightly different.

Alla hästar,
alla djur—

immuna mot världen,
immuna mot gud

All horses,
all animals—

immune to the world,
immune to god

Alla jag och hästar
Maskiner–

dödas drömmande–

metallic

All I's and horses
Machines–

the dead's dreaming–

metallic

Det finns förstås en risk
den som strider för länge
med drakar
blir drake själv

och avgrunden
stirrar tillbaka

Men:
Om jag tar på mig
en drake
med fem klor:

龍

kan jag outsmarta
Kejsaren

There is of course a risk
she who fights dragons
for too long
becomes a dragon herself

and the void
stares back

But:
If I assume
the dragon
with five claws:

龍

I can outsmart
The Emperor

Innorna
var innan,
Ingenting—

Fri rörlighet
Fri sårighet
Vulnerabilities Forum

Samstämmans nedsättning,

de förstörda
försvinnornas
Här

The beforesses
were before,
Nothing—

Free mobility
Free vulnerability
Vulnerabilities Forum

The depreciation of harmony,

the destroyed
disappearesses'
Here

Red Lightning District
Cirkus Panoussis
Rektanglarna blippar
ur skärmspökets blick,

maskinsångens eko
genom de ensamma
servrarna

och jag tänker att
nu är min urgrundshacker,

nu är världarnas krig

nu är allt elektroniskt,
iskallt,
borta

Red Lightning District
Circus Panoussis
The rectangles blip
out of the screen ghost's gaze,

the machine song's echo,
through the lonely
servers

and I think
now is my bedrock hacker,

now is the war of the worlds

now everything is electronic,
ice cold,
gone

Du kan nå den
utanför TOR också
men den kommer inte
att svara

Den kommer låtsas
att den är död

You can reach it
outside TOR too
but it won't
respond

It will pretend
to be dead

Vad händer

med Kejsarens kläder
om Nätet dör?

Ingen Cyberterror.

Bara Kärleken
där ingen Spelar Död
sen spelar Levande
för Gästerna.

Då duger Njutånger.

Då duger 自由

What will happen

to the Emperor's clothes
if the Net dies?

No Cyber Terror.

Only Love
where nobody Plays Dead
then plays the Living
for the Guests.

Then Njutånger is enough.

Then 自由 is enough.

Det finns tre sätt att hantera fara:

Attack,
Flykt
eller Spela Död

Vi valde olika
Det här är bara början

Attack:
att spela död
är inte samma sak
som att vara död.

Du ÄR död.

There are three ways of handling danger:

Fight,
Flight
or Play Dead

We made different choices
This is just the beginning

Fight:
playing dead
is not the same thing
as being dead.

You ARE dead.

I'm sorry to break it to you,
but I think you have been owned–

owned
and fucked

by a smoth

I'm sorry to break it to you,
but I think you have been owned—

owned
and fucked

by a smoth

Ihålig Iphone
men kryptofonen

Hästen, *alogo*

Ingen klar linje—
ej upptäckbar röst

Hollow iphone
but the cryptophone

The horse, *alogo*

No clear line—
an undetectable voice

Det finns en kvinnlig frihet. Kaninen uppkokas i minnena från Innan.

There is a female freedom. The rabbit is boiled in the memories from Before.

KONSTEN ATT TALA MED HÄSTAR

Bibiana:
*Till slut måste han ha fattat att han inte bara hade fjättrat mitt liv
vid sitt, han hade samtidigt fjättrat sitt eget vid mitt.*

THE ART OF SPEAKING WITH HORSES

Bibiana:
*In the end he must have understood that he not only had chained my
life to his life, he had at the same time chained his life to mine.*

Den vidsträckt langoljära motorvägen utan bilar: svart så svart att svart vänds inåt i neon av solstick i pupillerna av mänsklig svärta. Oskodda hovar klapprar dämpad klappersten mjukmatt mot ytans matta, vita sommarsammet, hårrem, när min häst är vit och inte svart. Innanför slingrar inälvorna rött, blod pumpar mellan hästs och mänskligt hjärta, ingen söm eller en svetsfog mellan muskeldjurets säte/rygg.

The sweeping langolier highway without cars: black so black that black turns inward in neon from sun-pricks in pupils of human blackness. Unshod hooves clop muffled clatter-stones softvaguely toward the surface's faint, white summer velvet, horse hair, when my horse is white and not black. Intestines twist red inside, blood pumping between horse heart and human heart, no seam or suture between the muscle-animal's seat/back.

Främlingen flemar, tapirfnyser med mulesnabelns läppgulnade garnityr. Luftens språk, orimliga partiklar. Människans förmåga att avkänna oanade ande kommer också att bli hennes fall mot lugnet.

The stranger phlegms and snorts like a tapir, lip-yellowed ornaments on its muzzle-snout. The language of air, irrational particles. A person's ability to detect an unsuspecting spirit will also lead to her fall toward peace.

Bakfull poet sitter på en pall i ett stall och sjunger subversiva reggaelåtar för en fet vildhäst som fattar noll och måste banta 150 kilo. Hon heter Taiga, från en rysk skog, och det är detta som egentligen ska kallas kärlek.

Hungover poet sits on a stool in a barn and sings subversive reggae songs for a fat wild horse who understands zero and has to lose 150 kilos. Her name is Taiga, from a Russian forest, and this is what really should be called love.

Mitt namn
är Ice Berg
冰山

när jag tankar,
tänker,
perforerar
vattenmassorna
i djupled

My name
is Ice Berg
冰山

when I gas up,
think,
perforate
the water masses
deeply

Hästar går tunga
av grym hemlighet
kommer aldrig
att avslöja drömmen

Horses walk heavy
from cruel secrecy
they will never
reveal the dream

Draknovember,

Flåsljud i vättjan
oskenligt klumpklafs

Katternas gulglödda ögon
och hästarnas gungande blå

i pannlampsljuset

Dragon November,

Wheezing in wetness
sheenless slap-slop

The cats' yellow-embered eyes
and the horses' swaying blue

in the light of the headlamp

Mina små flickor
tror att de har ätit middag
Det är väl bra
att de litar
på tingens ordning

My small girls
think they've eaten dinner
I guess it's good
that they trust
in the order of things

Kaninen ska leva
Mina små flickor
skickar den nedströms
på flotten
av kallsten

The rabbit will live
My little girls
send it downstream
on a raft
of coldstone

HÅRD OMSTART

Natascha Bibiana:

Vad skulle hända när inte ens hundra slag var nog för att hålla mig på mattan? Då skulle också hans Pleasantville gå om intet. I så fall fanns det ingen återvändo.

HARD RESET

Natascha Bibiana:

What would happen when not even a hundred battles would be enough to keep me down? Then his Pleasantville would be destroyed. In that case, there was no turning back.

Vem äger kvinnofällan,
är det hon som fångas eller han,
vem slår igen den?

Gallren omvässas
till tandat sköte,

Vem är vem?

Who owns the woman trap?
Is it she who is caught or is it he?
Who shuts it?

The bars are re-sharpened
into a vagina with teeth.

Who is who?

Att hagga: hädanefter både verb och vapen—
en blobb som långsamt breder ut sig över världen

To hagg: from now on both a verb and a weapon—
a blob that slowly spreads across the world

Avprogrammering:
Mannen vill bli en Madonna
Ingen kvinna vill bli en Stor Mor
Ingen kvinna vill äga makt
över läget
på toppen,
summit,
piedestalen

Deprogramming:
The man wants to be a Madonna
No woman wants to be Big Mom
No woman wants to own power
high ground
the top,
summit,
pedestal

Det tysta djuret
Måste översättas

Det heter Sitta *i* hästen

Jag–
den orörliga
perpetuum mobile

The silent animal
Must be translated

It's called Sit *on* the horse

I–
the immobile
perpetuum mobile

Avprogrammering:

Om män vore smarta skulle de försöka bli riktiga kvinnor. Inga mjölkmartyrer, imitation av imitationen, rädslans rädda parasit. Tvärtom, killar. Tvärtom.

Deprogramming:

If men were smart they would try to become real women. No milk martyrs, imitation of an imitation, the frightened parasite of fear. On the contrary, boys. On the contrary.

Spöket
hos Ye Mimi
kan inte skrivas om
till något annat språk:

酉鬼

Ye Mimi's
ghost
can't be written
in any other language:

酉鬼

Djuren har inga speglar.
De har aldrig sett sina ögon.
Ändå kan de läsa blickar
genom bakhuvuden.

För hästen trycker blicken världen framför.
Mitt öga är våldets hand.

The animals have no mirrors.
They've never seen their own eyes.
But they can read glances
through the back of their heads.

For the horse, the glance pushes the world forward.
My eye is the hand of violence.

Privata Manning trojaniserar, byter sedan kön i fängelset där hon ska sitta resten av sin livstid pga aiding the enemy. Det finns en kvinnlig frihet. Hur länge du kokar till sist allt förångas, tillintet blir kvar, genomskinliga, stegrande hästlik i hetluft.

KOLLA *AIDING THE ENEMY*

Private Manning trojanizes, then changes sex in jail where she will spend the rest of her life for aiding the enemy. There is a female freedom. If you boil anything long enough, it will turn into steam, nothing remaining, transluscent horse corpses rearing in hot air.

CHECK *AIDING THE ENEMY*

Vit eld: . . . *nordanvinden sveper ner från havet vid Murmansk som ett tjutande andeväsen och marken ligger plötsligt död. Det blir bistert kallt. Med den säregna, vibrerande ton som uppstår när man knackar på glas, fryser vattnet till som genom ett trollslag. Havet, sjöarna, floderna fryser till is på ett ögonblick på grund av den plötsliga omsvängningen i värmebalansen. Till och med havsvågorna stannar mitt i sin rörelse och blir böljande isvågor, svävande i tomma luften* . . . Rakt ut i sjön flydde hästflocken, köldröken hög mot de taggiga topparna . . . *nordanvinden* . . . isskorpans blicksnabba framryckning över den mörka sjöytan, de nyss levande, simmande hästarnas klingande kölvatten, schackhuvuden, cirkushästarna med manen i isvindens språng, ångans frusna moln ur mularna . . . *vid stranden stack ett virrvarr av vilt stegrande hästar upp ur isfängelset* . . . vad är det som sover inne i de tysta porslinshästarna, kristallhästarnas klirrande piaffer, på marken under dem det stelnat slingrande gyttret, tarmpaketen, oätligt fördunstade odör, inåtvända i trojanska fällor, inte ens inne i hästen en utväg, inte ens.

Dödshästar, blånande dödshästar, uppskurna magar, soldaterna, alltid motormännen utan soppa, karvar sig in, bot mot kylan bland de ännu osande, ormande inälvorna, köttlivmoderns meningslösa återgång till det förruttnade, andedräkter dansar över snöfält, dödfält.

White fire: . . . *the north wind sweeps down from the ocean by Murmansk like a howling spirit and the ground is suddenly dead. It's bitterly cold. As from a spell, the water suddenly freezes, emitting the same strange, vibrating tone as when one taps on glass. The ocean, the lakes, the rivers suddenly freeze because of the radical change in temperature. Even the ocean waves freeze in mid-motion and become billowing ice waves, floating in thin air . . .*

The horse flock fled straight into the lake, the cold smoke above the jagged tips . . . *the north wind* . . . the ice crust's rapid advance across the lake's dark surface, the clanging wake of the horses, who were alive just a moment ago, the chess heads of circus horses, their manes blown by the ice-wind, frozen steam from their muzzles . . . *by the beach a jumble of horses wildly rearing out of their ice prison* . . . what is it that sleeps inside the silent porcelain horses, the clinking piaffes of the chrystal horses, on the ground beneath them lays petrified undulation of muck, the intestinal packages, inedible vaporized undead, inward-turned in trojan traps, there is no escape, not even inside horses.

Death-horses, bluing death-horses, their bellies cut open, soldiers, always motor men without soup, carve their way in, protection against the cold among still fuming, snaking intestine, the meat-uterus's meaningless return to rot, breaths dance across the snow field, dead field.

Kriget, vapnen, maskulinerna. Vad är det ni offrar, vad ska vi betala detta pris för. Det är inte hästarna ni stänger in, invaderar, dödar. Det är handlingsutrymmet. Det som kallas frihet. Galoppfattningen magpumpar, luftlyftenas rusande G-kraft.

Det som kallas frihet är en frusen frihet.

. . . och i de uppspärrade ögonen brann ännu fasan av vit eld . . .

The war, the weapons, the masculines. What are you offering, for what are we paying this price. It's not horses you shut in, invade, kill. It's the space of action. That which is called freedom. The gallop-handle, stomach pumps, the rushing G-force of rushing air.

What is called freedom is a frozen freedom.

. . . and the horror of white fire still burned in the staring eyes . . .

Natascha Kampusch:

Jag ville gå ut i livet
som en vuxen kvinna.

I do not forgive.
But I do forget.

Jag är inte Här,
inte Innan.
Jag är:

en Annan.

Natascha Kampush:

I wanted to go out in life
like a grown woman.

I do not forgive.
But I do forget.

I am not Here,
not Before.
I am:

an Other.

Tvångsavsluta: Överta mannens våld, man kan queera det, går i slutändan under. Under finns: List, Slughet, Framförhållning.

Forced Conclusion: Take over man's violence, one can queer it, go down in the end. But down below there is: Cunning, Cleverness, Foresight.

FRAGMENTS AND CONTROTED VOICES
FROM THE BLACK BOX:

Anonymous, Heinrich von Kleist, Jennifer Lopez, Natascha Kampusch, Ludvig Igra, Antony Hegarty, Leonard Cohen, Yrsa Stenius, Glenn Close, Nietzsche, Sara Stridsberg, Valerie Solanas, Ye Mimi, Curzio Malaparte, Helene von Druskowitz.

Thanks to Mattias Forshage, Zenon Panoussis, Viktoria Jäderling, Maiping Chen, and Fredrik Sjöberg.

NOTES

Phrases in italics are in English in the original.

(8) "Njutånger" is the name of the village in which Berg lived when she wrote this poem. It combines the two words "njut" (enjoy) and "ånger" (regret).

(17) "Motor Männen" is the name of the national association of car drivers in Sweden. This phrase is used throughout the book.

(105) "Euforinen" is a mash-up of the words "Euphoria" and "Endorfin." The word "värld" (world) puns on the word "värd" (host), which is why I put both words in the translation.

(113) "Innan" is the feminine ending of "ryttarinnnan" (rideress), but alone it becomes the word for "before." One can also see the word "kvinnan" (woman) in this word. That is why I have translated it as "beforesse," invoking both "before" and the feminine ending.

(121) "Förskingra" contains the word "skingra," which means to scatter, but the prefix "för" turns it into a word that means embezzlement. However, the role it plays in the poem is primarily a scattering of a body from a plane-crash, so I translated it as "shatter" to preserve this image.

(123) The line "andhålsfria ande" puns on the connection in Swedish between "andas" (breathing) and "ande" (spirit, as in Hegel's "world spirit" or a ghost). "Andhål" literally means "breathing holes" but it also is used idiomatically to suggest "breathing space." The neologism "andhålsfria" literally mean "breathing-hole-free."

(130) "Le Creuset" is a pot. The rabbit invokes the famous scene in the 1987 movie *Fatal Attraction*, in which the scorned mistress Alexandra (played by Glenn Close) boils the child's rabbit. This movie is referenced throughout the book.

(141) "Innorna" brings back the "innan" (from page 104), though here it is in plural form. As in the previous instance, the word invokes the female suffix "innan" (as in "ryttarinnan"), the word "innan" (before), and "kvinnorna" (women). In the penultimate line of the poem, these "innorna" becomes "försvinnornas"—melding "innorna" with the word for disappear ("försvinna").

(151) This poem is written in English in the original.

(154) "Innan" again invokes "kvinnan" (the woman). The boiled rabbit again invokes Glenn Close's character in *Fatal Attraction*.

(168) "Vättjan" is an invented term that invokes both "våt" (wet) and "lättnad" (lightness).

(196) "Innan" again invokes "before" and "kvinnan" (woman).

The Authors

Starting with *Hos Rådjur* (*With Deer*) in 1997, **Aase Berg** has published seven books of poetry in Sweden, of which *Hackers* is the most recent. She has also published a book of essays and a young adult novel. Four books of her work have previously been published in English translation, and her work has been translated into a range of other languages, including Romanian, German and Chinese. She has won several awards, including Aftonbladet's Litteraturpris and Lagercrantzen.

Johannes Göransson is the author of six books of poetry, including *The Sugar Book* most recently. He has translated several Swedish and Finland-Swedish poets, including Aase Berg, Ann Jäderlund and Henry Parland. Together with Don Mee Choi and Jiyoon Lee, he has translated the poetry of South Korean poet Kim Yideum. His poems have been translated into several other languages, including Croatian, Japanese, Romanian and Korean. Together with Joyelle McSweeney, he edits Action Books. He teaches at the University of Notre Dame.